AF591638

PHILIPPE GUILLON

Ln 27
37505

JOURNAL DE L'AIN

LUNDI 13 JUIN 1887

La ville de Bourg, le canton de Ceyzériat et le département tout entier n'apprendront pas sans émotion le décès de M. Philippe Guillon, avocat et bâtonnier de l'Ordre, ancien adjoint de Bourg, ancien vice-président du Conseil général de l'Ain, fondateur et président de la Société fraternelle des arts et métiers, etc.

M. Guillon est décédé samedi 11 juin, à 8 heures du soir.

Cette nouvelle ne devrait être une surprise pour personne : il était dans sa 83e année. Mais il avait conservé jusqu'au mois dernier une santé si robuste et une intelligence si lucide ; on était tellement habitué à le voir circuler toujours actif, à le trouver toujours accessible, toujours bienveillant et de bon conseil, qu'on ne pouvait se figurer qu'il ne fût plus jeune. Il n'a pas été de ceux qui s'en vont pièce à pièce et dont on peut dire, à un certain moment, qu'ils se survivent à eux-mêmes. Il est tombé d'un seul bloc, tout entier, et c'est une consolation pour ceux qui le pleurent, pour nous tous dont il fut le modèle et quelquefois le guide, d'avoir pu jouir de lui jusqu'à la fin.

Il était bâtonnier de l'Ordre des Avocats, à Bourg, depuis bientôt quarante-huit ans, fait unique dans les annales du barreau.

Il a représenté, durant plus de vingt ans, au Conseil général, le canton de Ceyzériat, où le remplace aujourd'hui un autre éminent avocat, son gendre, M. Francisque Rive.

Des voix plus éloquentes que la nôtre — et plus autorisées parce qu'elles l'ont connu plus longtemps — diront sur sa tombe ce que fut ce lumineux homme d'affaires, cet irréprochable citoyen et père de famille, ce vertueux chrétien. Le *Journal de l'Ain* espère être autorisé à reproduire les discours qui pourront être prononcés ; mais il tenait à exprimer dès aujourd'hui, en quelques lignes, la vive et profonde part qu'il prend au deuil de la famille du vénéré défunt et à celui de tous ses concitoyens.

Tout ce qu'on pourra dire à l'honneur de M. Philippe Guillon ne sera que l'écho affaibli du sentiment public.

Les obsèques auront lieu demain mardi à 10 heures 1/4.

Bourg, le 11 juin 1887.

MADAME,

LE deuil qui vous frappe, vous et les vôtres, est un deuil public dans ce pays où Monsieur Guillon ne comptait que des obligés et des amis. L'Ordre des Avocats de Bourg en est plus douloureusement atteint que personne : il fait une perte immense, à jamais irréparable, en perdant le maître vénéré qui, pendant plus d'un demi-siècle, fut son chef, son guide et son exemple et dont le souvenir restera sa gloire. Notre bâtonnier avait en nous une seconde famille qui, comme vous, le pleure et dont l'affection et les regrets s'attacheront pour toujours à sa mémoire.

C'est au nom du Barreau tout entier que les membres du Conseil de l'Ordre vous demandent de vouloir bien recevoir le témoignage de la profonde douleur qui les pénètre.

Puisse l'expression qu'ils vous prient d'agréer apporter quelque adoucissement à la vôtre.

Daignez accueillir, Madame, l'hommage de notre plus profond respect.

JULES BAUX, E. TISSOT, L. CHANOVE, J. MERMOD.

CABINET DU BATONNIER

MADAME,

JE viens d'apprendre par les journaux du matin le triste événement qui met en deuil toute la ville de Bourg.

J'en suis bien douloureusement surpris, car j'avais reçu de Monsieur Guillon, il y a quelques mois à peine, une lettre attestant une vigueur d'esprit et même de corps qui semblait lui promettre encore une longue existence.

Vous avez du moins, vous et les vôtres, cette consolation suprême que celui que vous pleurez ne vous a été enlevé qu'après vous avoir fourni une de ces carrières admirables dont le souvenir se conserve à jamais dans le monde judiciaire.

Nul avocat n'a, plus que Monsieur Guillon, honoré notre Ordre par le talent, par la sereine unité de la vie, par la noblesse et l'indépendance du caractère. Les années, en s'accumulant, semblaient avoir grandi encore la situation incomparable que lui faisaient l'estime et la considération dont il a toujours été si universellement et si justement entouré.

Je suis sûr d'être le fidèle interprète de mes confrères en vous exprimant toute la part que le Barreau de Lyon prend à la perte irréparable que vient de faire le Barreau de Bourg.

Veuillez agréer, Madame, avec l'expression de mes sentiments de condoléance les plus sincères, l'hommage de mon profond respect.

J. DULAC.

Lyon, 13 juin 1887.

A CHARLES GUILLON

Ton ciel, jadis si gai, Charles, s'est obscurci,
Te voilà, pauvre ami, dans le deuil et la brume
Ce chemin douloureux dont je sais l'amertume,
Ce chemin désolé, tu le parcours aussi.

Mets ta main dans la mienne, ami des belles heures;
Que ton cœur attristé laisse parler le mien.
Va, je t'ai bien compris. Je le connaissais bien,
Le guide patient et tendre que tu pleures.

Au travail, à l'honneur, au pays bien-aimé,
Il avait sans regret donné sa vie entière;
L'écho résonne encore de sa parole altière
Qui défendit le faible et vengeait l'opprimé.

Il pouvait aspirer à plus vaste auditoire,
Peut-être un jour la foule eût retenu son nom;
Satisfait de son noble et modeste renom,
Comme les gens heureux, il n'a pas eu d'histoire.

Notre terre de Bresse était son horizon;
Il était parmi nous le maître qu'on révère,
On l'aimait; sa vertu n'avait rien de sévère.
Un rayon de soleil éclairait sa maison.

Il savait que le monde est un lieu de passage
Où l'homme, quelques jours, attends l'éternité;
Que le talent n'est rien sans la simplicité
Et que la paix sereine habite avec le sage.

Parfois, en plein hiver, une rose fleurit,
Telle était sa vieillesse : Elle aimait à sourire;
Indulgent conseiller, maître en l'art du bien dire,
Le cœur allait chez lui de pair avec l'esprit.

Ainsi, toujours vivant, travaillant sans relâche,
Il a fait jusqu'au bout son devoir ici-bas
Comme ces combattants qui ne se rendent pas,
Lutteur infatigable, il est mort à la tâche.

GABRIEL VICAIRE.

Paris, 13 juin 1887.

NOUVELLISTE DE LYON

LUNDI 13 JUIN 1887

M. PHILIPPE GUILLON

Nous apprenons, avec le plus vif sentiment de regrets, la mort de M. Philippe Guillon, ancien vice-président du Conseil général de l'Ain, bâtonnier de l'Ordre des Avocats de Bourg.

M. Philippe Guillon était, de l'aveu unanime de tous ceux qui ont pu l'entendre dans la maturité de son talent et de sa force, un avocat remarquable, à la parole vigoureuse et élevée. Il a conservé sa haute situation jusqu'au terme de sa longue carrière.

Ses confrères du Barreau de Bourg, pleins de respect pour leur éminent doyen, lui ont maintenu la dignité de bâtonnier pendant quarante-huit ans; ce qui est un fait unique dans l'histoire des Barreaux français.

M. Guillon s'est éteint hier à l'âge de 83 ans.

Universellement connu et estimé, il emporte avec lui les regrets de tous ses compatriotes auxquels, comme conseiller général du canton de Ceyzériat et comme avocat, il a donné pendant une vie presque séculaire l'exemple le plus frappant d'un beau talent uni à un beau caractère.

M. Guillon était le beau-père de M. Francisque Rive qui lui a succédé l'an dernier au Conseil général.

Le *Nouvelliste* adresse ses plus sympathiques condoléances à cette famille si durement éprouvée par la perte de son chef.

COURRIER DE L'AIN

DU 14 JUIN 1887

Nous avons le regret d'apprendre la mort de M. Philippe Guillon, ancien conseiller général de l'Ain, bâtonnier de l'Ordre des Avocats de Bourg.

M. Philippe Guillon était un avocat remarquable, à la parole vigoureuse et élevée. Il est resté bâtonnier pendant quarante-huit ans, ce qui est un fait unique dans l'histoire des Barreaux français.

M. Guillon était pour nous un adversaire politique; mais comme il était éloigné de cette école moderne de politiciens réactionnaires, qui n'a pour toute arme que l'injure et la calomnie!

La courtoisie de M. Guillon, son aménité étaient entières. Etant de ceux qui savent respecter leurs adversaires, il avait droit au respect et à l'estime de tous.

JOURNAL DE L'AIN

MERCREDI 15 JUIN 1887

OBSÈQUES DE M. GUILLON

COMMENT dépeindre la grandeur et l'unanimité de la manifestation d'hier aux obsèques de M. Philippe Guillon? Jamais on n'avait vu pareille foule, un jour sur semaine, à la suite d'un cercueil.

Le deuil était conduit par MM. Ch. Guillon, fils du défunt; Fr. Rive, son gendre; A. Morillot, son petit-fils par alliance.

Le Barreau de Bourg et les Avoués du Tribunal civil, en robe, venaient ensuite. On remarquait en outre, dans le cortège, plusieurs avocats du Barreau de Lyon, la plupart des Officiers de la garnison, l'Académie et une députation de l'Ecole normale, une longue file de religieuses, une douzaine de membres du clergé, de nombreux étrangers venus de tout le département, mais particulièrement du canton de Ceyzériat dont toutes les communes étaient représentées, plusieurs Conseillers généraux ou anciens Conseillers généraux et une multitude d'habitants de Bourg. C'est que, par un privilège rare et peut-être unique en nos temps troublés, M. Guillon avait des amis partout et n'avait que des amis.

Les cordons du poële étaient tenus par :

M. le général Wolf, commandant le 7e corps d'armée;

M. Hippolyte Jayr, ancien ministre des travaux publics, maire de Ceyzériat;

M. Jules Baux, secrétaire de l'Ordre des Avocats;

M. le docteur Dupré, ancien maire de Bourg;

M. Reydellet, secrétaire de la *Société des Arts et Métiers*,

M. Chambre, avoué.

De nombreuses couronnes couvraient le cercueil ou étaient portées derrière lui. Nous y avons lu les inscriptions suivantes :

L'Ordre des Avocats de Bourg
A son Bâtonnier
1829-1887

Société de Secours Mutuels
de Ceyzériat

La Société fraternelle des Arts et Métiers
A son Président fondateur

La Société de Sainte-Agathe
A M. Guillon

M. Guillon avait été le promoteur de la fondation de cette Société; il en était resté l'administrateur. Pour l'un et l'autre sexe, par la création de ces Sociétés de Secours Mutuels si solidement fondées, il fut le bienfaiteur du peuple.

On se montrait aussi, non sans émotion, une énorme croix de fleurs cueillies dans ce jardin de Montjuly si cher au vénéré défunt.

On peut évaluer à plus de deux mille le nombre de personnes qui, malgré une chaleur torride, ont suivi le cortège jusqu'au bout.

Avant que le corps ait été descendu dans le caveau de famille, M. Couinaud, président du Tribunal de Bourg, a pris la parole :

« Au nom du Tribunal civil de Bourg, j'ai le triste devoir d'adresser à Me Guillon, à notre ancien collègue, un suprême adieu.

« Si d'autres vous diront quelle grande perte vient de faire la cité où il a passé toute sa vie, honoré, estimé et aimé de tous, il m'appartient de rappeler de quel grand deuil est frappé ce Tribunal auquel il a toujours été attaché et comme juge et comme avocat.

« C'est en 1829 que Me Guillon, alors âgé de 24 ans, se faisait inscrire au Barreau de Bourg, cette ville où il est né et qu'il n'a jamais quittée. Elu bâtonnier de l'Ordre en 1840, il n'a cessé de l'être depuis cette époque jusqu'à sa mort, recevant ainsi chaque année, de la part de ses confrères, dans un Barreau cependant riche en hommes d'honneur et de talent, le plus haut témoignage d'estime et d'admiration qui puisse être donné à un avocat. En 1846, il prenait place au Tribunal en qualité de juge-suppléant et il conservait ses fonctions jusqu'au jour où, en 1876, il était atteint par la limite d'âge. — Il prêtait enfin le concours de sa haute expérience au bureau d'assistance judiciaire dont, pendant de longues années, il a été le Président.

« Pour ceux qui n'ont pas connu l'homme éminent qui vient de s'éteindre, il faudrait toute une étude pour leur faire apprécier le merveilleux talent de l'avocat, talent de fond, nourri d'un travail approfondi, mais aussi talent de forme remarquable et de clarté dans l'exposition et de méthode dans la stratégie juridique et d'habileté dans ses appels directs aux sentiments des juges autant qu'à leur conviction, habileté n'ayant exclu chez lui ni l'élévation du langage littéraire, ni l'appel aux violents mouvements de l'âme qui font les grands orateurs.

« Mais aussi quels succès, du Tribunal civil au Tribunal correctionnel et de là à la Cour d'assises !

« Je laisse et je dois laisser à ses confrères du Barreau le soin de vous dire toutes ces choses : qu'il me suffise d'ajouter qu'avec ce magnifique talent oratoire, Mᵉ Guillon possédait au plus haut degré, en même temps que la science juridique, la bienveillance, la modération, la fermeté, l'impartialité et l'appréciation saine des hommes et des choses, qui font les grands magistrats.

« Certes, quel premier Président distingué, quel Procureur général éminent il aurait pu faire ! si, moins dévoué à tous ses concitoyens qui le pleurent aujourd'hui, et sans parler des œuvres humanitaires auxquelles son nom restera éternellement attaché, il ne s'était presque exclusivement voué au Barreau, dont il a si noblement élevé les belles traditions, et à ses clients, dont il servait les intérêts avec autant de compétence et de dévouement dans la poursuite de l'affaire qu'il avait mis de conciliation et de prudence dans l'engagement.

« Ah oui ! c'est un bien grand deuil pour ce Tribunal qu'il affectionnait.

« Je ne puis me rappeler sans émotion la joie qu'il éprouvait, il y a quelques mois à peine, alors que nous causions ensemble de cette place si brillante qu'il y avait occupée à tant de titres, ayant à la fois fait partie de ces deux grandes familles judiciaires, la Magistrature et le Barreau, que tant de liens unissent et entre lesquelles il partageait les lumières de sa belle et vive intelligence.

« Mais je m'arrête. — A d'autres, il va appartenir de vous retracer tout entière cette vie de travail, d'honneur, de loyauté, de charité et de bonté, cette vie si remplie et, disons-le, si bien remplie.

« Adieu, Me Guillon, au nom du Tribunal de Bourg et de tous les magistrats des autres juridictions qui vous ont connu et qui, par suite, ont admiré votre talent et si hautement apprécié votre caractère, adieu !

« Puisse ce témoignage de sympathie, auquel tant d'autres viennent aujourd'hui se joindre, apporter à votre famille émue un adoucissement à l'amertume de ses larmes et une consolation aux déchirements de la séparation suprême ! »

M. Jules Baux, au nom de l'Ordre des Avocats, a prononcé les paroles suivantes :

« Messieurs,

« Malgré son deuil, malgré sa douleur, le Barreau ne veut pas laisser fermer la tombe du chef vénéré qu'il pleure, sans lui adresser un suprême adieu.

« Le cœur brisé, j'ai le devoir de donner, à celui pour qui nous avons été une seconde famille, un dernier témoignage de notre affection et de nos regrets.

« J'ai à esquisser cette magnifique et incomparable carrière d'avocat qui, commencée brillamment en 1829, dans tout l'éclat d'un talent merveilleux et d'une séduction irrésistible, s'éteint en

1887 dans le rayonnement d'une longue vie de travail et d'honneur, avec le couronnement glorieux et unique en France d'un bâtonnat exercé sans interruption pendant un demi-siècle.

« Oui, Messieurs, pendant quarante-sept années consécutives, M. Guillon a su mériter les suffrages de ses confrères qui ont tenu à honneur de l'avoir à leur tête ; — et pour qui connait les usages et les traditions de notre Ordre, pour qui sait combien est recherchée et briguée parmi nous cette haute distinction conférée par le suffrage de nos confrères comme le témoignage le plus précieux de leur estime et de leur considération, — le renouvellement constant du bâtonnat pendant un si long espace de temps est le plus beau titre d'honneur qui ait pu récompenser une longue vie sans tache, une bonté inépuisable, une humeur toujours égale, un travail toujours soutenu, un profond dévouement à notre Ordre, et surtout le plus beau talent de parole qui ait honoré le barreau de notre ville.

« On peut dire de M. Guillon qu'il n'avait ici que des amis, que des obligés. Sa longue vie de travail s'est passée, dans l'exercice de sa profession, à défendre la vie, l'honneur et les intérêts de ses compatriotes; et nombre d'entre vous peuvent se souvenir combien, dans les causes qu'il savait justes, son éloquence, d'ordinaire si doucement persuasive, devenait chaude, ardente et entrainante : quels accents généreux il trouvait dans son cœur pour émouvoir un auditoire haletant d'émotion, subjugué par cette belle et honnête parole, par les sentiments élevés qu'il faisait vibrer dans tous les cœurs, par l'attendrissement et la touchante pitié qu'il savait inspirer aux juges pour le malheureux, pour l'égaré, ou pour la victime de la perversité des hommes.

« Rappelez-vous, Messieurs, ces longs et grands débats si troublants pour les juges, si passionnants pour la foule, dont le souvenir ne s'est point encore effacé dans notre pays ; — rappelez-vous cette affaire de Litta, si romanesque, si extraordinaire ; rappelez-vous l'affaire Peytel dans laquelle on peut dire que la seule appréhension du talent de Mᵉ Guillon a pu faire hésiter une accusation pourtant bien forte, bien éloquente, bien convaincue — et vous aurez une idée de cet orateur de génie et de puissante envergure qui, placé dans d'autres milieux et sur une scène plus vaste, aurait ajouté quelques belles pages de plus aux plus précieux recueils de l'éloquence française.

« Mais la modestie de M. Guillon égalait son talent.

« La simplicité de ses goûts, sa sagesse, sa douce philosophie, les devoirs sacrés de la famille l'ont retenu loin des grandes luttes de la vie et de la politique — et lui ont procuré le seul vrai bonheur qui ait ici-bas quelque durée, le bonheur que donne la famille. Ce bonheur, il l'a trouvé auprès d'une épouse digne de lui, qui pleure et qui est désespérée, aujourd'hui que la volonté de Dieu l'a séparée de celui qu'elle a passé sa vie à adorer — auprès de ses enfants et petits-enfants qui l'aimaient et l'honoraient d'un véritable culte, parce qu'il était essentiellement bon — auprès d'un gendre qui le chérissait comme un père, et qu'à son tour, il choyait comme la vivante continuation de son merveilleux talent, qui est devenu un apanage de famille, puisqu'il a pu le voir se perpétuer dans l'un des siens à la Cour de cassation — et enfin auprès de ses confrères qu'il soutenait et encourageait à leurs débuts, qu'il honorait ensuite de sa bonne et spirituelle familiarité, et qu'il pleurait à l'heure de leur mort, comme s'il avait perdu l'un des siens.

« Sa sollicitude pour l'Ordre dont il était le chef ne s'est jamais démentie ; il avait le continuel souci de sa dignité, de son honneur et de son indépendance ; son dévouement pour lui était inépuisable, son affection pour ses confrères, d'une inaltérable sincérité.

« Il y a vingt jours à peine, il me priait de lui remettre le vieux registre des délibérations de notre Ordre, me disant avec ce touchant abandon, cette familiarité charmante, cet esprit toujours aimable, toujours bienveillant que tous, Messieurs, vous avez pu apprécier dans son intimité :

« J'ai besoin, avant de mourir, de revivre un peu avec mes « anciens confrères et avec nos chers morts — de retrouver « dans nos annales les traces de mes souvenirs de jeunesse, les « noms de mes chers contradicteurs d'autrefois, le souvenir de « nos luttes qui est aussi celui de nos amitiés. » Et c'est, Messieurs, en cette douce et mélancolique compagnie qu'il a passé les loisirs des derniers jours de sa vie.

« N'est-ce pas un devoir pour nous de nous associer aux derniers désirs de notre cher bâtonnier, et de rendre ici un hommage filial à nos ancêtres vénérés, à nos illustres devanciers dans les luttes du Palais ?

« Voyons, Messieurs, en quelle compagnie M. Guillon a passé sa vie judiciaire :

« Rentré à Bourg après ses études de droit et un court stage au Barreau de Paris, M. Guillon, qui avait suivi assidûment le Palais, en rapportait le souvenir et les traditions de ces grands orateurs qui ont illustré la Restauration et le Gouvernement de Juillet.

« Dès son début, il se signalait par l'exquise distinction de sa tenue et de son geste, par son langage toujours correct, élégant, empreint d'une bonhomie persuasive, comme aussi par la hauteur de ses vues, la largeur de ses idées, l'ampleur de la pensée, l'énergie entraînante du ton et de l'expression.

« Il trouvait, en arrivant au Barreau de Bourg, des confrères dignes de lui, et dont je ne cite que quelques noms au hasard :

« Philibert Favier, le doyen des avocats de l'époque ;

« Tornier, le savant jurisconsulte, le dialecticien redoutable ;

« Bouvier-Bonet, qui termina dans la Magistrature sa belle carrière d'avocat, et dont nous avons presque tous connu l'aimable et belle vieillesse ;

« Rodet, père, qui fut député de l'Ain en 1830 ;

« Josserand, le docte et spirituel avocat que la Cour de Lyon nous enleva pour l'appeler à présider une de ses Chambres ;

« Jacob, père, qui occupa longtemps une place honorable et importante à notre barre ;

« Et ce merveilleux vieillard qui a voulu suivre aujourd'hui le convoi de son plus ancien et de son plus fidèle ami — M. Hippolyte Jayr, dont je voudrais pouvoir parler ici, certain d'être approuvé par notre cher mort qui, de là-haut, nous écoute, mais je n'ose ! je craindrais, en ne disant pourtant que la vérité, de blesser sa modestie.

« M. Guillon eut, dans la suite, pour confrères et pour contradicteurs le sympathique Alfred Bon qui, enlevé à ses nombreux amis par une mort prématurée, laissa de son affection pour eux un souvenir précieux à chacun de ses confrères ;

« Paul Guillemot, cet esprit si gai, si joyeux, si français, qui rappelait si bien son ami Brillat-Savarin, et dont j'ai pu admirer la belle et séduisante vieillesse ;

« Bochard, Desvoyod et enfin Emmanuel Martin, ce docte jurisconsulte, cet avocat éminent qui fut longtemps l'honneur et la lumière de notre Barreau : à lui aussi, son talent et son mérite auraient valu un long bâtonnat, si par modestie il ne s'était incliné devant la situation exceptionnellement éclatante de son confrère Guillon.

« Voilà, mes chers confrères, quels ont été nos devanciers sous la direction de notre bâtonnier Guillon !

« Admirons ces grandes figures, et sachons profiter des nobles exemples qu'ils nous laissent, prenons-les pour guides et pour modèles, et, s'il ne nous est pas permis d'atteindre à la hauteur de leur talent, sachons au moins garder leurs traditions d'urbanité, de bonne confraternité, d'honneur et d'indépendance qui, jusqu'à nous, ont été l'apanage glorieux de notre Ordre. Je vous en prie, conservons-les comme un trésor précieux.

« Nous avons perdu notre chef, je dirai mieux, nous avons perdu en M. Guillon un véritable père qui nous a montré quelle était, dans les affaires de ce monde, la puissance de la droiture, de la bonté, de la bonne humeur, de l'esprit et du talent ; nous, ses fils chéris, suivons ses préceptes et ses exemples, c'est la plus grande satisfaction que nous puissions lui causer, au sein du repos si bien mérité dont il jouit auprès de Dieu ! »

M. Fieux a parlé ainsi au nom de la Société des Arts et Métiers :

« Messieurs,

« C'est un devoir pour la Société fraternelle des Arts et Métiers que l'un de ses membres vienne, au nom de tous, déposer au bord de cette tombe l'expression des regrets que lui laisse la perte de son vénéré Président et retracer en quelques mots ce que fut, pour la Société, l'homme de bien dont elle déplorera à jamais la perte.

« Jeune encore, M. Guillon se préoccupait déjà de l'amélioration du sort de la classe laborieuse : il pensait que le meilleur moyen d'arriver à ce but était l'association, qui, relevant le moral de l'individu, apportait en même temps les secours pour soulager les misères résultant de la maladie et de la vieillesse, dans cette classe si intéressante des travailleurs.

« Aussi en 1840, son idée soumise à quelques hommes généreux, comme lui dévoués au bien public et dont la plupart l'ont précédé dans la tombe, mais dont le souvenir reste vivant parmi nous, son idée, dis-je, prenait bientôt une forme précise ; un appel fut adressé par eux aux ouvriers de notre ville. Une centaine environ, frappés des avantages que leur procurait cette solidarité charitable, répondirent à cet appel. La Société fraternelle des Arts et Métiers était fondée.

« A sa première réunion, le 1er janvier 1841, M. Guillon était acclamé Président de la jeune Société.

« Pendant plus de quarante-six ans, elle lui a accordé la même confiance, en lui renouvelant son mandat présidentiel, et si elle est arrivée à ce degré de prospérité qui fait notre orgueil et notre joie, en songeant aux misères qui peuvent nous atteindre et qui seront soulagées, nous le devons à l'esprit d'ordre et d'économie dans lequel l'a toujours dirigée son Président.

« Rappeler le dévouement et l'abnégation dont il fit preuve pendant ce long espace de temps, pour le développement de la Société et pour maintenir l'union fraternelle de tous ses membres est chose presque inutile, tellement ils sont présents à la mémoire de tous aussi bien dans son entourage que dans toute la cité.

« Il voulut faire mieux encore, compléter son œuvre, et la création d'un fonds de retraite pour les vieillards et les infirmes de la Société fut poursuivie par lui avec une ardeur qui ne s'est jamais démentie et dont le succès, affirmé par les nombreuses demandes de pension, fut pour lui la plus douce des récompenses.

« Ce que la Société perd en perdant son Président, nous le sentons tous mieux que nous ne pouvons l'exprimer.

« Bon et accessible à tous, M. Guillon accueillait toujours nos Sociétaires avec affabilité ; aucun ne le quitta jamais sans emporter de lui un bon conseil, et souvent sa charité discrète, ce qui en doublait le prix, soulagea des misères qu'il devinait et dont on n'osait lui faire l'aveu.

« De cette vie si bien remplie, une bonne part fut par lui attribuée à la Société des Arts et Métiers, et, dans ces derniers temps et à son lit de mort, il consacrait toute sa sollicitude à la prospérité de l'œuvre qu'il avait fondée et si bien dirigée.

« Adieu, cher Président, la Société tout entière, dont vous fûtes l'âme et la vie pendant de si longues années et jusqu'à votre dernier moment, dépose sur votre tombe l'expression de la douleur immense qu'elle ressent, de la reconnaissance éternelle des nombreux services que vous lui avez rendus, et l'assurance formelle que votre souvenir sera toujours vivant parmi nous. »

M. Joly, conseiller général du canton de Lhuis et qui a été pendant plus de vingt ans le collègue de M. Guillon au Conseil général, a parlé ainsi au nom de cette Assemblée :

« Messieurs,

« Vous avez entendu M. le Président du Tribunal vous parler, dans un langage ému, de l'admiration qu'excitait M. Guillon dans la Magistrature.

« M. le Secrétaire de l'Ordre des Avocats vous a fait l'historique du Barreau de Bourg, et montré le vif éclat jeté sur ce Barreau, pendant un demi-siècle, par les innombrables succès d'éloquence de son Bâtonnier.

« Enfin vous venez d'entendre la parole généreuse et sincère du représentant de la Société des Arts et Métiers de Bourg, rendant hommage à son Président, à l'homme de cœur qui fonda cette Société à une époque déjà lointaine, où les œuvres de bienfaisance faisaient à peine leur apparition, et semblaient vouées à un avenir problématique.

« Y a-t-il rien à ajouter à ce concert d'éloges ? La reconnaissance a-t-elle épuisé toutes ses formes ? Prendre la parole après de tels discours, n'est-ce point m'exposer à des redites ?

« Hé bien, non : il reste un devoir à remplir. Ce deuil n'atteint pas seulement une famille, une Cité, le Barreau, la Magistrature : ce deuil, j'ose le dire, est un deuil public; il frappe le département tout entier, où le nom de M. Guillon est aussi populaire qu'il est vénéré, le département au service duquel M. Guillon a consacré vingt-trois années de sa vie comme membre, puis comme Vice-Président du Conseil général, et comme Président de la commission des finances.

« Vingt-trois années! On s'émerveillait tout à l'heure de la longue carrière de l'avocat. N'est-ce point aussi un rare et merveilleux exemple que de voir le suffrage populaire maintenir ses faveurs, à l'un de ses élus, durant un espace de vingt-trois ans, et cela dans nos temps troublés, au travers d'une Révolution où tout paraissait devoir sombrer, hommes et choses! Cherchez la cause de cette fidélité de l'opinion; où la trouverez-vous, sinon dans le mérite exceptionnel et le dévouement incessant de l'Elu?

« Messieurs, j'ignore quel fut sous l'Empire le degré d'action de M. Guillon au Conseil général. Mais en 1871, après les élections générales, alors que les passions politiques étaient dans toute leur vivacité, alors que les nouveaux venus, dans un excès d'ardeur, avaient une tendance à s'exagérer l'étendue des attributions que leur conférait la loi du 10 août, l'esprit conciliateur et pratique de notre regretté Vice-Président imprima à nos débats une direction utile et contribua, dans une large mesure, à conserver à nos séances le calme et la dignité qu'elles devaient avoir.

« Il y eut alors une brillante période, où, avec les Germain, les Le Hon, les Morellet, les Mercier, M. Guillon, dans de véritables joûtes oratoires, nous tint sous le charme de cette éloquence abondante et persuasive dont il avait le secret. C'était l'époque où s'agitaient les questions de voies ferrées, d'emprunts départementaux, de gratuité et de laïcité de l'enseignement, et bien d'autres qui éveillaient l'attention publique.

« Plus tard, d'autres influences effacèrent un peu la sienne, qu'il ne chercha pas à ressaisir, étranger qu'il était à toute ambition. Mais son zèle et son dévouement ne se ralentirent point et, malgré son grand âge, il continua d'appliquer son activité et son savoir à la solution de toutes nos difficultés administratives, surtout au sein de la commission des finances.

« Et le Département avait-il à soutenir des droits litigieux, le Conseiller général reprenait sa robe d'avocat, et faisait triompher la cause que nous étions heureux de lui confier.

« En administration et en politique, M. Guillon n'eut jamais d'autre devise que celle-ci : Modération. Et c'est-là, croyons-nous, le vrai *criterium*. Il avait, en outre, trop de grandeur d'âme pour ne pas être libéral, et pour admettre d'autre principe que celui de la liberté pour tous.

« Messieurs, ainsi qu'on vous l'a dit, c'est une grande et noble existence qui vient de s'éteindre. Dans ce champ de l'humanité où nous apparaissons tour à tour, chacun de nous trace son sillon. Mais honneur à ceux qui le creusent large et profond, et y déposent la semence du bien, du beau, des œuvres utiles! M. Guillon fut un de ceux-là. »

LE SALUT PUBLIC

MERCREDI 15 JUIN 1887

Hier au soir est mort, après de longues souffrances, M. Philippe Guillon, avocat ; c'était une célébrité du département.

Pendant plus de cinquante-cinq ans, il fut l'aigle du Barreau de Bourg. Son éloquence, toujours digne et élevée, était entraînante, surtout dans les grandes affaires de Cour d'assises dont il fut chargé. Il avait un talent d'exposition des plus remarquables et qui lui conciliait presque toujours, et dès l'abord, les suffrages des jurés et des magistrats. Il joignait à cela un esprit droit et une grande loyauté.

Son attitude à la barre et la noblesse de sa figure rappelaient à tous les belles traditions du Barreau. Il fut encore, pendant plus de quarante ans, des comités de toutes les œuvres.

Il représenta pendant de longues années le canton de Ceyzériat au Conseil général de l'Ain. Aux dernières élections seulement, l'heure du repos ayant sonné, il a été remplacé par son gendre, M. Rive, avocat à Lyon et ancien procureur général.

L'Ordre des Avocats de Bourg le conserva aussi comme bâtonnier pendant plus de quarante-cinq ans, faveur rare et exceptionnelle dans l'histoire du Barreau.

M. Philippe Guillon est donc une grande figure qui disparaît, laissant le souvenir d'une vie bien remplie, de nombreux services rendus, et qui restent dans le secret et la reconnaissance des familles.

La classe ouvrière ne l'oubliera pas non plus, car il fut, pendant de longues années aussi, le président d'une Société de Secours Mutuels. Là aussi, ses conseils si sages et sa discrète générosité ont laissé des traces ineffaçables.

Enfin, il était pour tous les siens et pour tous ses amis un grand et noble cœur, dont la vie fut bien remplie et qui a bien mérité de son pays.

L'ABEILLE DU BUGEY & DU PAYS DE GEX

DU 19 JUIN 1887

M. PHILIPPE GUILLON

Peu de semaines se sont écoulées — c'était hier ! — l'*Abeille* portait à M. Philippe Guillon l'expression de la joie que nous ressentions du bonheur que lui faisait éprouver le mariage de sa petite-fille, Mlle Rive.

Et nous reçumes bientôt un mot affectueux de l'heureux aïeul.

Ce joyeux hymen, dont les rayons s'étendaient comme les tendres lueurs de l'aurore sur le front radieux du vieillard, ces rayons étincelants d'amour et de liesse devaient être, hélas ! trop tôt éclipsés par les voiles sombres de la mort.

M. Philippe Guillon, l'éminent et sympathique compatriote, l'homme de bien, le brillant avocat, n'est plus. Il vient, à l'âge de 83 ans, de s'éteindre à Bourg, sa ville natale, où s'est écoulé la plus grande partie de sa longue et laborieuse existence, alors que, peu de jours avant que l'heure fatale ait sonné, son être était encore animé comme au beau temps de sa virilité.

Les funérailles de M. Guillon ont été ce qu'elles devaient être, splendides. Deux mille personnes l'ont accompagné à sa dernière demeure, dans ce champ du repos où dorment du sommeil éternel les nombreux amis qui l'avaient précédé.

Des discours ont été prononcés, sur la tombe entr'ouverte, par MM. Coninaud, président du Tribunal de Bourg; Baux, secrétaire de l'Ordre des Avocats; Fieux, au nom de la Société des Arts et Métiers, dont M. Guillon était le fondateur et le président, et par M. Joly, membre du Conseil général.

Nous voudrions pouvoir reproduire ici les éloges si bien sentis, si véridiques qu'ont fait entendre les orateurs; qu'il nous soit permis, à notre tour, d'exprimer nos regrets en retraçant quelques phases de la vie de celui dont aujourd'hui la famille éplorée, Bourg et notre département portent le deuil.

Philippe Guillon est né à Bourg, rue des Cordeliers, dans une maison faisant face à celle qu'habitait Thomas Riboud, le célèbre historien de la Bresse et du Bugey. Son père était avoué, aimé et estimé de tous ses concitoyens. Le jeune Philippe fit ses premières études au collège de cette ville, puis à Paris, à l'École de droit. Là-bas, dans la grande cité, pour subvenir à son existence — sa famille n'était pas favorisée des dons de la fortune — il travaillait, tout en suivant les cours, à la rédaction de la *Gazette des Tribunaux*.

Reçu avocat, Philippe Guillon revint, en 1829, au pays natal et se fit inscrire au tableau des avocats près le Tribunal de Bourg.

Ses débuts au Palais ne tardèrent pas à révéler aux magistrats, à ses confrères, les brillantes qualités d'esprit du stagiaire. Ses préludes de défense, à la barre, firent bientôt pressentir en lui l'orateur dont l'éloquence grandit et s'affirma pendant un demi-siècle.

Le jeune avocat, dans les premières affaires qu'il eut à plaider, avait à se mesurer avec un redoutable adversaire, Me Bochard, aussi fort en droit qu'en jurisprudence, connaissant, de vieille date, les tours et les détours de la chicane; aussi, pour lutter d'égal à égal avec son confrère, Me Guillon se vit-il obligé de consacrer de longues veilles à l'étude des causes qui lui étaient confiées et des moyens de défense qu'il devait faire valoir. Ces pénibles et laborieux travaux contribuèrent grandement à acquérir les vastes connaissances juridiques que Me Guillon sut, pendant sa longue carrière, si bien mettre en pratique.

C'est dans les nombreux procès portés devant la Cour d'assises que l'éloquence de Me Guillon se révélait dans tout son éclat. La voix aussi harmonieuse que séduisante de l'orateur, jointe à la majestueuse prestance, à la physionomie si ouverte et si franche de l'avocat, produisait sur l'auditoire un charme que nous ne saurions exprimer.

Parmi les causes célèbres qu'il eut à défendre, rappelons celle de Peytel, le notaire assassin, de Belley, qui, sans les preuves par trop accablantes de son crime horrible, aurait échappé à la guillotine, tellement le jury était émotionné, près d'être convaincu de l'innocence de l'accusé, par la magnifique plaidoirie qu'il venait d'entendre; rappelons le procès Faussemagne, dans lequel le comte de Litta, noble et riche Italien, réfugié politique, était inculpé, en compagnie de la mère de la veuve Faussemagne, de cette femme dont le mari, cultivateur en Dombes, était mort assassiné par le frère de la veuve.

Sur l'habile et brillante défense de Me Guillon, de Litta fut reconnu non coupable et acquitté; ses autres co-accusés s'entendirent condamner à des peines graduées selon leur participation au crime.

Me Guillon ne fut jamais un homme politique dans l'acception du mot, mais il était libéral, comme l'était, du reste, avant et après 1830, la presque généralité des classes bourgeoise et marchande.

AUGUSTE ARÈNE.

L'EXPRESS DE LYON

MERCREDI 15 JUIN 1887

OBSÈQUES DE M. GUILLON

HIER, mardi 14 juin 1887, ont eu lieu les obsèques de M. Guillon, bâtonnier de l'Ordre des Avocats de Bourg, au milieu d'une grande affluence de personnes.

Le Barreau de Bourg, au grand complet, assistait en robe à la cérémonie.

La Société fraternelle des Arts et Métiers, dont M. Guillon était le fondateur et le président, avait envoyé une magnifique couronne.

Sur la tombe, plusieurs discours ont été prononcés : par M. Baux, avocat, au nom du Barreau ; M. Joly, conseiller général de l'Ain, et par un membre de la Société des Arts et Métiers.

Dans l'assistance nous avons remarqué M. le général Wolf, commandant le 7e corps d'armée; M. le général Landrut, M. Jayr, ancien ministre ; M. Milliet, ancien directeur du *Journal de l'Ain*, etc., etc.

MONITEUR JUDICIAIRE DE LYON

MERCREDI 15 JUIN 1887

FUNÉRAILLES DE Me GUILLON

BATONNIER DU BARREAU DE BOURG

Les obsèques de Me Philippe Guillon, bâtonnier de l'Ordre des Avocats de Bourg, dont nous avons annoncé la mort, ont eu lieu hier, au milieu d'une affluence considérable qu'on peut évaluer à plus de trois mille personnes.

Après le service funèbre, célébré à l'église Notre-Dame, le cercueil qui contenait les restes de cet homme de bien a été transporté au cimetière où existe un tombeau de famille.

Sur la tombe, des discours ont été prononcés par M. le Président du Tribunal, par Me Baux, avocat; par M. Joly, conseiller général de l'Ain, et par un membre de la Société des Arts et Métiers dont Me Guillon était fondateur et président.

Me Guillon a eu l'existence la plus honorable et la mieux remplie. Pendant près de quarante-cinq ans, il a été à la tête du Barreau de Bourg. Son éloquence, toujours digne et élevée, était entrainante, surtout dans les grandes affaires de Cour d'assises. Il avait un talent d'exposition des plus remarquables et qui lui conciliait presque toujours, et dès l'abord, les suffrages des jurés et des magistrats. Il joignait à cela un esprit droit et une grande loyauté.

Son attitude à la barre et la noblesse de sa figure rappelaient à tous les belles traditions du Barreau. Il appartînt encore, pendant plus de quarante ans, à l'administration de toutes les œuvres.

Il représenta, pendant de longues années, le canton de Ceyzériat au Conseil général de l'Ain. Aux dernières élections seulement, l'heure du repos ayant sonné, il a été remplacé par son gendre, M. Rive, avocat à Lyon, et ancien procureur général.

L'Ordre des Avocats de Bourg le conserva aussi comme bâtonnier pendant plus de quarante-cinq ans, faveur rare et exceptionnelle dans l'histoire du Barreau.

M. Philippe Guillon est donc une grande figure qui disparaît, laissant le souvenir d'une vie bien remplie, de nombreux services rendus, et qui restent dans le secret et la reconnaissance des familles.

La classe ouvrière ne l'oubliera pas non plus, car il fut,

pendant de longues années aussi, le président d'une Société de Secours Mutuels. Là aussi, ses conseils si sages et sa discrète générosité ont laissé des traces ineffaçables.

Enfin, il était pour tous les siens et pour tous ses amis un grand et noble cœur, dont la vie fut bien remplie et qui a bien mérité de son pays.

LE DROIT, JOURNAL DES TRIBUNAUX

19 JUIN 1887

OBSÈQUES DE Me GUILLON

Mardi dernier ont eu lieu à Bourg les obsèques de M. Philippe Guillon, bâtonnier de l'Ordre des Avocats de cette ville, décédé à l'âge de 83 ans.

M. Guillon était l'une des illustrations du département de l'Ain.

Il ajoutait au don d'une rare éloquence des qualités éminentes qui lui auraient assuré partout la première place, s'il n'eût tenu à honneur de poursuivre jusqu'à la fin dans son pays natal l'exercice de sa belle profession. De grands procès d'assises, l'affaire Peytel notamment, avaient de suite révélé la puissance de sa parole, et pendant un demi-siècle il fut l'avocat des grandes causes criminelles de notre région.

Son caractère était à la hauteur de son talent et la sûreté comme le charme de ses relations lui valurent l'honneur d'être, depuis 1840 jusqu'à sa mort et sans interruption, bâtonnier de l'Ordre des Avocats de Bourg. Un bâtonnat de quarante-sept ans est, probablement, unique dans les annales du Barreau.

Conseiller général de son département pendant vingt-cinq ans, et par conséquent témoin de toutes les compétitions politiques de notre temps, M. Guillon eut le privilège de n'en pas connaitre les mécomptes et la presse de tous les partis, écho naturel de toutes les opinions, lui a fait un cortège unanime de regrets et de respect.

Un concours inusité de population a donné à ses funérailles un caractère public. Le deuil était conduit par M. Guillon, fils, par M. Francisque Rive, avocat, ancien député, gendre du défunt, et par M. Morillot, avocat à la Cour de cassation, son petit-fils par alliance.

PROGRÈS & AVENIR

18 JUIN 1887

UNE des plus anciennes et des plus honorables familles de Bourg vient de perdre son chef vénéré.

M. Philippe Guillon, ancien vice-président du Conseil général de l'Ain, bâtonnier de l'Ordre des Avocats de Bourg, fondateur et président de la Société fraternelle des Arts et Métiers, etc., s'est éteint sans souffrances, samedi soir, à l'âge de 83 ans.

M. Guillon était, de l'aveu unanime de tous ceux qui ont pu l'entendre dans la maturité de son talent et de sa force, un avocat remarquable, à la parole vigoureuse et élevée. Il a conservé sa haute situation jusqu'au terme de sa longue carrière.

Ses confrères du Barreau de Bourg, pleins de respect pour leur éminent doyen, lui ont maintenu la dignité de bâtonnier pendant quarante-huit ans; ce qui est un fait unique dans l'histoire des Barreaux français.

Les sympathies que cet homme de bien s'était acquises le désignèrent également pendant de longues années au choix des électeurs du canton de Ceyzériat et au renouvellement du mois d'août dernier, son grand âge et son état de santé purent seuls le décider à céder son siège à son gendre, Me Francisque Rive.

Universellement connu et estimé, il emporte les regrets de tous ses compatriotes auxquels, comme conseiller général et comme avocat, il a donné pendant une vie presque séculaire l'exemple le plus frappant d'un beau talent uni à un beau caractère.

Les obsèques ont eu lieu mardi matin, à 10 heures 1/4.

Le deuil était conduit par MM. Charles Guillon, fils du défunt, Francisque Rive, son gendre, et André Morillot, avocat à la Cour de cassation, son petit-fils par alliance.

Les cordons du poële étaient tenus par :

M. le général Wolf, commandant le 7e corps d'armée;

M. Hippolyte Jayr, ancien ministre des travaux publics, maire de Ceyzériat;

Me Jules Baux, secrétaire de l'Ordre des Avocats;

M. le docteur Dupré, ancien maire de Bourg;

M. Reydellet, secrétaire de la Société des Arts et Métiers;

M. Chambre, avoué.

De nombreuses couronnes couvraient le cercueil ou étaient portées derrière lui. Sur quelques-unes nous avons lu les inscriptions suivantes :

L'Ordre des Avocats de Bourg
A son Bâtonnier
1829-1887

Société de Secours Mutuels
de Ceyzériat

La Société fraternelle des Arts et Métiers
A son Président fondateur

La Société de Sainte-Agathe
A M. Guillon

De nombreux fonctionnaires civils et militaires et plus de trois mille personnes venues de tous les points de la région formaient le cortège, justifiant ainsi des sympathies unanimes que le défunt avait su s'attirer.

Après le service funèbre célébré à l'église Notre-Dame, le cercueil, qui contenait les restes de cet homme de bien, a été transporté au cimetière où existe un caveau de famille.

M. le Président du Tribunal, Me Baux, avocat, un membre de la Société des Arts et Métiers et M. Joly, conseiller général ont fait successivement et en termes émus l'éloge de l'éminent bâtonnier, du vénéré fondateur et président, de l'ancien vice-président du Conseil général, dont la mort est un deuil pour tous ceux qui ont pu admirer son grand talent et apprécier ses rares qualités d'esprit et de cœur.

Le *Progrès-Avenir* s'associe à la presse conservatrice de la région pour offrir à la famille de l'éminent défunt l'expression de ses regrets et ses douloureuses sympathies.

LE SOLEIL

VENDREDI 17 JUIN 1887

Les obsèques de M. Philippe Guillon, avocat, vice-président du Comité conservateur du département de l'Ain, ont eu lieu mardi dernier, à Bourg, au milieu d'une nombreuse et très sympathique affluence.

R. de LAVALLÉE.

NOUVELLISTE DE LYON

MERCREDI 15 JUIN 1887

Bourg, 14 juin.

Les obsèques de M. Philippe Guillon, dont nous annoncions la mort dimanche dernier, ont eu lieu ce matin, à 10 heures 1/4.

De nombreux fonctionnaires civils et militaires et plus de trois mille personnes, venues de tous les points de la région, assistaient à la funèbre cérémonie, justifiant ainsi des sympathies unanimes que le défunt avait su s'attirer.

Après le service funèbre célébré à l'église Notre-Dame, le cercueil, qui contenait les restes de cet homme de bien, a été transporté au cimetière, où existe un tombeau de famille.

M. le Président du Tribunal, Me Baux, avocat, un membre de la Société des Arts et Métiers et M. Joly, conseiller général, ont fait successivement, et en termes émus, l'éloge de M. Guillon.

LYON RÉPUBLICAIN

DU 15 JUIN 1887

MORT DE M. GUILLON

NOTRE correspondant de Bourg nous annonce la triste la nouvelle de mort de Me Guillon, bâtonnier de l'Ordre des Avocats à Bourg, dont les obsèques ont eu lieu hier matin, au milieu d'une affluence considérable.

Homme intègre dans toute l'acception du mot, esprit droit et élevé, jurisconsulte éminent, Me Guillon laisse à Bourg d'immenses regrets. Ses adversaires politiques eux-mêmes, et Jules Favre fut du nombre, s'inclinaient devant cet homme serviable à l'excès qui fut, avec une modestie égale à son talent, une des lumières du Barreau français.

Nous saluons respectueusement ce mort qui n'appartient pas à notre parti politique, et adressons à sa famille nos compliments de condoléance.

LE SALUT PUBLIC

VENDREDI 17 JUIN 1887

LES OBSÈQUES DE M. GUILLON

On nous écrit de Bourg :

« La mort de M. Guillon, avocat et bâtonnier de l'Ordre depuis plus de quarante-cinq ans, a été pour notre ville, un deuil public et jamais, sans doute, funérailles plus splendides, plus nombreuses, plus émouvantes n'ont eu lieu pour aucun citoyen; tout attestait la grande perte que le pays vient de faire.

« Les coins du drap étaient tenus par M. Jayr, ancien préfet du Rhône et ancien ministre; par M. le général Wolf, commandant le 7e corps d'armée à Besançon et venu tout exprès à Bourg ; par M. Couinaud, président du Tribunal ; par M. le docteur Dupré, vieil ami de la famille, et par deux autres membres du Barreau.

« Le cortège était des plus imposants. Toute la société de la ville y était représentée. Les officiers de la garnison et le général Landrut en tête. Toutes les sociétés ouvrières et de bienfaisance, les corporations, les écoles. De vastes couronnes et des bouquets de fleurs monumentaux étaient portés par des vignerons et des fermiers venus de Ceyzériat et de Montjuly, où sont les propriétés de M. Guillon.

« Cette manifestation, comme notre ville en a rarement vu, attestait le haut mérite et les grandes qualités de l'homme que l'on accompagnait à sa dernière demeure.

« Le deuil était conduit par M. Charles Guillon, fils du défunt ; M. Francisque Rive, avocat à Lyon, son gendre; par ses petits-enfants et par M. André Morillot, avocat à la Cour de cassation, qui a épousé récemment Mlle Rive.

« Les avocats et les avoués en robes venaient ensuite, puis les membres du Tribunal en habit noir et les hauts fonctionnaires de la ville.

« On pouvait presque dire : Heureux les citoyens qui meurent ainsi, entourés et escortés de leurs vertus et des hommages et des larmes de toute une population ; il y a eu là quelque chose d'inusité, de solennel qui atteste les nobles sentiments de bien des cœurs, dans une cité de dix-huit mille âmes.

« Dans toutes les rues que traversait le cortège et jusqu'à l'église Notre-Dame, une foule émue, attendrie, bordait les trottoirs, donnant à M. Guillon un souvenir et un douloureux adieu.

« Arrivé au bord du caveau du cimetière où il a été déposé, quatre discours ont été prononcés, l'un par M. le Président du Tribunal, qui a fait ressortir avec beaucoup de sentiment et de netteté les qualités principales de M. Guillon comme avocat; il a dit en quelle grande estime le tenait la magistrature.

« Me Jules Baux, parlant au nom du conseil de l'Ordre des Avocats, a prononcé un discours d'une éloquence remarquable et bien sentie.

« La vie de M. Guillon au Barreau, les causes célèbres dans lesquelles s'est révélé son noble talent uni à une belle âme, l'élégance et la facilité de sa parole, tout cela a été retracé de main de maître et exprimé avec une émotion visible, qui s'est bientôt communiquée à la foule amassée autour de la tombe.

« Un membre de la Société des Arts et Métiers, dont M. Guillon était le fondateur et le président, a rappelé, dans un langage simple, mais ferme et saisissant, les immenses services rendus à cette Société par M. Guillon.

« Enfin, M. Joly, membre du Conseil général de l'Ain, a rappelé avec quelle justesse de raison, avec quelle clarté de logique M. Guillon a pris part, pendant de longues années, aux délibérations de cette assemblée.

« De pareils tributs, payés avec autant d'éclat et d'unanimité, ne pouvaient s'adresser qu'à un homme dont la vie servait en quelque sorte de modèle à plusieurs générations; — au citoyen utile, qui fonda une des premières Sociétés de Secours Mutuels dans notre ville; — au membre des assemblées délibérantes, où il portait toujours la lumière et la conciliation.

« Il est certain que M. Guillon, s'il eût voulu quitter le foyer de la famille et les relations fidèles de vieilles amitiés, serait arrivé aux plus hautes fonctions dans la magistrature.

« M. Guillon était le *vir bonus, dicendi peritus* dans toute l'acception du mot, comme l'entendait Cicéron; la vertu, la loyauté, la probité, qui sont les sources de la véritable éloquence étaient les gardiennes de la conduite publique et privée de M. Philippe Guillon, dont on gardera longtemps le souvenir, au moins dans la cité et dans le département. »

EXTRAIT

DES DÉLIBÉRATIONS DU CONSEIL GÉNÉRAL DE L'AIN

SÉANCE DU 22 AOUT

La séance est ouverte à deux heures et demie.

On procède à l'élection du bureau. L'ancien bureau est tout entier réélu.

M. Mercier, sénateur, président, prononce l'allocution suivante :

« Messieurs,

« Avant d'ouvrir la séance, j'ai un pénible devoir à remplir comme Président du Conseil général de l'Ain, celui de rendre à ceux de ses membres qui lui ont été enlevés pendant l'intervalle de notre dernière session les honneurs qui sont dus à leur mémoire.

....

« Je ne puis, Messieurs, oublier dans ce nécrologe un des vétérans de notre Conseil général, que l'âge avait forcé à la retraite, il y a quelques mois, mais dont le souvenir était si vivant au milieu de nous que nous le considérions toujours comme un de nos collègues honoraires. (Applaudissements.)

« Je veux parler de M. Guillon, décédé plein de jours et entouré d'une estime et d'une sympathie si universelles.

« Ce n'est pas seulement le Conseil général, mais le département tout entier qui a ressenti cette perte cruelle.

« M. Guillon a honoré, pendant sa longue existence, le Barreau dont il fut le coryphée le plus brillant, le Conseil général dont il a éclairé les délibérations de sa parole élégante et de sa grande expérience des affaires, la ville de Bourg dont il était un des enfants les plus illustres, et le pays tout entier qu'il a si longtemps charmé de son éloquence intarissable et entraînante. (Applaudissements.)

« M. Guillon fut, dans toute la force du terme, ce que l'auteur latin appelait : *Vir bonus et dicendi peritus*, l'homme bon et expert dans l'art du langage.

« Bon et loyal ! qui n'a admiré cette droiture et cette douceur de caractère, cette humeur toujours égale, ces façons bienveillantes, ce sourire toujours épanoui sur sa bouche quelque peu ironique, mais essentiellement sympathique !

« Eloquent ! il aurait fallu l'entendre, aux jours de sa jeunesse, épandre en flots harmonieux le trop plein de son âme et de son cœur, soit qu'il défendît la veuve et l'orphelin, soit qu'il discutât les grandes affaires qu'on lui confiait, soit qu'il prêtât son ministère d'avocat aux grands criminels ou aux victimes de nos dissensions intestines.

« Je m'honorerai toujours de l'avoir eu pour parrain, lorsque je suis venu plaider pour la première fois aux Assises de l'Ain.

« Il a conservé jusqu'à la fin ces brillantes qualités et cette enceinte gardera longtemps le souvenir de ces dissertations familières et pleines de sens et de raison, dont nous goûtions tous le charme.

« Je ne puis me dissimuler qu'il ne partageait pas toutes les convictions politiques de la majorité du Conseil général.

« Nous différions d'opinion sur le principe même de notre gouvernement, qui a pour base essentielle la souveraineté nationale. C'était le produit des habitudes de l'esprit, nourri des choses du passé.

« Mais un point commun nous rapprochait de notre collègue : l'esprit de liberté et de tolérance. Jamais, de sa part, il n'y eut d'agression violente, ni même excessive contre l'opinion de ses adversaires politiques. De notre côté, nous avions pour ses convictions la même réserve.

« La mort, du reste, fait disparaître bien des traces de nos dissentiments. Elle passe son niveau sur toutes les aspérités de notre vie si tourmentée et ne laisse après elle que le souvenir des services rendus, des actions honorables et des bienfaits que l'on a pu semer dans notre court passage sur cette terre.

« C'est le patrimoine le plus précieux que l'on puisse laisser à ses enfants. (Applaudissements.) »

Bourg, imp. VILLEFRANCHE. — 1163-87.

www.ingramcontent.com/pod-product-compliance
Ingram Content Group UK Ltd.
Pitfield, Milton Keynes, MK11 3LW, UK
UKHW022136260726
13993UKWH00003B/1473

9 782329 483504